BENNO JACOB

JÜDISCHE MINIATUREN
Herausgegeben von Hermann Simon

Band 115 BENNO JACOB

Umschlag vorn:
Benno Jacob am Schreibtisch seines Sohnes, Augsburg 1936

Die Deutsche Nationalbibliothek verzeichnet diese Publikation in der Deutschen Nationalbibliografie; detaillierte Daten sind im Internet über https://portal.d-nb.de/ abrufbar.

Alle »Jüdische Miniaturen« sind auch im Abonnement beim Verlag erhältlich.

Inh. Dr. Nora Pester
Wilhelmstraße 118, 10963 Berlin
info@hentrichhentrich.de
http://www.hentrichhentrich.de

Bearbeitung: Hartmut Bomhoff, Christian Maier

Satz: Barbara Nicol
Druck: druckhaus köthen

1. Auflage 2011

Printed in Germany
ISBN 978-3-942271-32-5

WALTER JACOB

BENNO JACOB

KÄMPFER UND GELEHRTER

Mit einer Einführung von Hanna Liss

Aus dem Englischen von Esther Kontarsky

HENTRICH & HENTRICH

CENTRUM JUDAICUM

Für Helen Zille
Ministerpräsidentin des Western Cape (Südafrika)
– Kämpferin für die Wahrheit –

Inhalt

Zur Einführung

Benno Jacob (1862–1945), einer der letzten großen »Rabbiner-Doktoren« im Deutschland vor der Shoah, erlebt derzeit so etwas wie eine Renaissance. So gab es in den letzten Jahren neben der Wieder- oder sogar Erstauflage seiner Werke eine Reihe von wissenschaftlichen Publikationen und Symposien, die zeigen, dass Benno Jacob sowohl bei den christlichen Theologen als auch in der (jüdischen wie nichtjüdischen) Judaistik zunehmend wahrgenommen wird. Beinahe durchgehend findet sich hierbei die Tendenz und das deutliche Interesse, die von Benno Jacobs immer wieder formulierte Ablehnung der protestantischen Quellenkritik positiv und aus dessen eigener exegetischer Hermeneutik heraus zu würdigen. Man sieht in Benno Jacobs Zugang zur Hebräischen Bibel, der beispielsweise gegen die moderne Literarkritik die Dubletten oder pleonastischen Wendungen in der Hebräischen Bibel stets inhaltlich-kontextuell begründet hatte, sogar den »modern fashion« eines »ancient rabbinic thought« (Walter Jacob) oder charakterisiert ihn als »founder of the literary school« (Yacov Elman), wie sie später durch Umberto Cassuto, Robert Alter, Meïr Sternberg und andere repräsentiert werden sollte.

Hier zeigt sich natürlich deutlich der Paradigmenwechsel in der modernen Exegese, denn die biblische

Exegese, auf jüdischer wie auf christlicher Seite, stellt sich heute methodisch vielfältiger dar, als dies zu Benno Jacobs Zeit der Fall war, und dies macht den Zugang zu seinem Werk insgesamt leichter. Allerdings sollte man sich davor hüten, ihn vorschnell für die in der modernen Exegese sich mehr und mehr durchsetzende ›Endtext-Exegese‹ oder ›kanonische Exegese‹ (*canonical approach*) zu vereinnahmen. Für Benno Jacob war der Bibeltext noch nicht der heute bekannte *End*text, sondern der *Ausgangs*text. Seine Exegesen sind in vieler Hinsicht eben doch ›prä-kritisch‹. Wenn also gerade innerhalb der protestantischen Bibelwissenschaft Benno Jacob heute gern zum ›exegetischen Gewährsmann‹ für die ›post-kritischen Kritiker‹ mutiert, so wird er in erster Linie zum Objekt einer (ihm fremden!) Bibelwissenschaft, die an ihm ihre eigenen Probleme mit der Quellenscheidung durchspielt.

Was können wir heute noch von Benno Jacob lernen, wo an ihn anknüpfen? Benno Jacobs Bibelauslegungen zeigen auf beinahe jeder Seite, vor welchen Problemen ein jüdischer Bibelwissenschaftler im ersten Drittel des 20. Jahrhunderts stand. Gegen seinen eigenen Anspruch eines konfessionell ›unabhängigen‹ Bibelkommentars ist zunächst festzuhalten, dass dieser Anspruch nur eingeschränkt oder gar nicht aufrecht zu halten war und bis heute nicht ist, weil sich die exegetische Arbeit niemals im luftleeren Raum eines rein philologischen Disputes befindet und befand. Dies zeigen überdeutlich seine Erklärungen zu den Gottesnamen (Ex 3 und 6), die schlussendlich darauf hinauslaufen, dass eine dogmatische Aussage – die Einheit und Unveränderlichkeit Gottes unter verschiedenen Offenbarungs-Manifestationen – historisch verifiziert werden sollte. Dazu werden eine Fülle philologischer und theologischer Geschütze aufgeboten, die, so scharfsinnig und gründlich sie stellenweise auch sein mögen, im Endeffekt die Sache, um die es ihm geht, dass es nämlich nur einen Gott gibt und dass er stets gleich bleibt, nicht beweisen kann. Es ist der Versuch, Text und Geschichte in unmittelbare Kongruenz zu bringen. Auch Benno Jacob hat darin die Tora nicht mehr konsequent von ihrer Qualität als Text (engl. *texture*) her verstanden. Die traditionellen jüdischen Ausleger (einschließlich der rabbinischen Literatur) hatten noch viel konsequenter zwischen der Bibel als einem schriftlichen Konvolut göttlicher Mitteilungen und der biblischen Überlieferung als einer schriftlichen Quelle für die Ereignisse der Geschichte Israels unterschieden: Als mündliche Tora und der schriftlichen gleichwertig konnte die klassische Bibelauslegung sehr viel gelassener mit Widersprüchen und Problemen im und am Text umgehen oder diese sogar positiv aufgreifen. Die Erklärung des Textes musste daher nicht unbedingt mit der Erklärung der im Text genannten *data* identisch sein.

Auf der anderen Seite ist es Benno Jacob immer wieder gelungen, die traditionelle jüdische Exegese nicht nur referierend und damit seinem eigenen exegetischen Kontext lediglich sekundär angebunden, sondern diese fortsetzend zu integrieren: Die auf der Basis von bBer 9b erstellte Bedeutung des vierbuchstabigen Gottesnamens ›Er wird es‹ als dem die Zukunft »geknechteten und leidenden« gestaltenden Gott für Israel impliziert nicht einfach eine positive inhaltliche Aussage, sondern nimmt auch in selbstbewusster Umkehrung den seinerzeit aus dem völkisch-radikalen Antisemitismus erwachsenen Vorwurf des Gottes Israels als dem ›Stammesgott der (Talmud-)Juden‹ wieder auf und insistiert auf der Tatsache, dass die »jüdische Bibel« (das heißt die Hebräische Bibel einschließlich der jüdischen Auslegungstradition) J-h-w-h als den ausschließlichen Gott Israels, das heißt in seiner Lesart: als den Gott *ausschließlich für Israel*, benennt. Diese Deutung wurde vor allem seit den 1930er Jahren und vor dem Hintergrund der zunehmenden politischen Bedrückung der Juden in Deutschland relevant.

In anderen Punkten war er seiner Zeit weit voraus, und dies vor allem in seinen frühen Schriften. Hier konnte Benno Jacob noch sehr viel freier mit dem biblischen Text umgehen und ihn in guter jüdischer Auslegungstradition zunächst einmal als ein Artefakt betrachten. Dies wird ganz deutlich zum Beispiel an seinen Ausführungen zum *mishkkan* (dem Wüstenheiligtum) und den in diesen Kapiteln beschriebenen Maßen und Gewichten. Gegen jeden Versuch einer historisierenden Rekonstruktion behauptet er: »Das hier beschriebene Heiligtum hat es aller Wahrscheinlichkeit nach nie gegeben. Nicht zwar deswegen bestreiten wir es, weil es den Israeliten in der Wüste an den nötigen Materialien und Kunstfertigkeiten zu einem solchen Bau gefehlt habe (...), sondern weil der ganze Organismus, von dem dieses Heiligtum nur ein Glied bildet, eine Fiktion ist. Ein Volk Israel, wie es hier gegliedert und gezählt wird, hat es nie gegeben. Es ist das Produkt einer künstlichen Arithmetik« (Jacob, Der Pentateuch, 1905, S. 342).

Den Gedanken, dass die biblischen Texte eine Fiktion beschreiben, hat Benno Jacob leider nie wirklich weiterverfolgt, um damit methodisch eine neue Tür für die jüdische Bibelauslegung aufzustoßen, die die Engführung einer rein (literatur-)geschichtlichen Exegese hinter sich lassen oder zumindest ihren Ausschließlichkeitsanspruch eindämmen könnte. Dass das Heiligtum, dass das in den priesterlichen Texten beschriebene Volk Israel eine Fiktion ist, konnte er 1944 nicht mehr wiederholen, es verbot sich angesichts der verzweifelten Lage, in der sich das jüdische Volk befand. Hier kann Benno Jacob mit seinem feinsinnigen Textverständnis gerade in der Überwindung einer rein historisch orientierten Exegese einen Anknüpfungspunkt für die moderne jüdische Bibelauslegung bieten. In jedem Fall sollten sich jüdische Bibelwissenschaftler/innen darüber bewusst sein, dass Benno Jacobs Kommentare für jüdische Leser verfasst wurden und die jüdische Bibelwissenschaft heute in der Pflicht steht, die von Benno Jacob begonnene Arbeit einer wissenschaftlichen jüdischen Bibelauslegung fortzusetzen.

Hanna Liss

Prof. Dr. phil. habil. Hanna Liss ist Lehrstuhlinhaberin für Bibel und Jüdische Bibelauslegung an der Hochschule für Jüdische Studien Heidelberg

Benno Jacob. Kämpfer und Gelehrter

von Walter Jacob

Als in den 90er Jahren des 19. Jahrhunderts auf großen öffentlichen antisemitischen Treffen im ganzen Land Demagogen die Massen aufhetzten, wandten sich besorgte jüdische Gemeinden in Deutschland an Benno Jacob mit dem Anliegen, sie zu verteidigen. Er bahnte sich dann seinen Weg durch die feindlich gesinnten Zuhörerschaften und schlug furchtlos zurück. Mit beißendem Sarkasmus stellte er deren Ignoranz bloß, entlarvte ihre Behauptungen und siegte über die Masse.

Benno Jacob (1862–1945) war ein furchtloser Kämpfer sowohl gegen den deutschen Antisemitismus wie für seine außergewöhnlich originelle bibelwissenschaftliche Arbeit, mit der er eine neue Richtung einschlug. Er war nie ein passiver Beobachter, sondern nutzte seinen kritischen, ausgezeichneten Verstand und die rhetorische Begabung in jeder größeren Redeschlacht auf den deutschen Podien des frühen 20. Jahrhunderts, wann immer sie Antisemitismus, Zionismus, liberales Judentum, jüdische Lehranstalten oder den Status des Rabbiners zum Thema hatten. Zugleich leitete er als Rabbiner die zahlenmäßig große Jüdische Gemeinde in Dortmund und verfasste wissenschaftliche Werke.

Benno Jacob, 1936

Mit seinem kämpferischen Geist und seiner direkten Art muss Benno Jacob von seiner Geburt am 7. September 1862 an ein Original gewesen sein. Er wuchs in der Familie des Rabbiners Zeew David Jacob[1] im kleinen niederschlesischen Ort Frankenstein (heute Ząbkowice Śląskie) bei Breslau (Wrocław) auf. Mit ihm wuchsen dort seine Brüder Jonathan, der jung starb (1886), Martin, Nathan und seine Schwester, die ebenfalls in jungen Jahren starb, auf. Seine gründliche Bildung umfasste traditionelles Hebräisch und Aramäisch, biblische und talmudische Werke, sowie das Griechisch seines Breslauer Gymnasiums, Latein und klassische Fächer. Die Liebe zu Ersterem veranlasste ihn zu einem lebenslangen Briefwechsel in Altgriechisch mit einem Freund. Die Kleinstadtatmosphäre seiner Kindheit und Jugend brachte ihn der Natur nahe. Er unternahm zeitlebens lange Spaziergänge.

Benno Jacob diente ein Jahr als Freiwilliger bei der Preußischen Armee und setzte danach seine Ausbildung an der Universität in Breslau fort – ebenso am Jüdisch-Theologischen Seminar, in das er 1883 eingetreten war. Der Historiker Heinrich Graetz (1817–1891) zählte ihn zu seinen Lieblingsschülern. Seine Dissertation »Esther in der Septuaginta« fußte auf klassischen wie historischen Bibelstudien.[2] Er war ein begabter Student, der vielerlei las und ein fotografisches Gedächtnis besaß. Sein kämpferischer Geist und seine unverblümten Ansichten trugen ihm eine so vehemente Gegnerschaft des Seminarrabbiners Israel Lewy (1841–1917) ein, dass Lewy sich am Ende weigerte, seine Ordinationsurkunde zu unterschreiben. Rabbiner Lewy stand aber als Hauptdozent für talmudische Wissenschaft und rabbinische Literatur das alleinige Recht zur Ausstellung des Rabbinerdiploms, der *Hattarat Hora'a*, zu. Benno Jacob wurde daher – gemeinsam mit Kollegen, die sich ähnlich unverblümt äußerten wie er – von einem speziellen Komitee ordiniert, das sich aus führenden Rabbinern des 1884 gegründeten Verbandes der Rabbiner Deutschlands zusammensetzte.

Der Kampf um jüdische Rechte

Die Juden Deutschlands hatten sich im letzten Drittel des 19. Jahrhunderts die Grundrechte und die Möglichkeit zur Ausbildung in den meisten Berufen erkämpft. Geblieben waren allerdings Barrieren in nahezu allen akademischen Fächern. Die jüdischen Universitätsstudenten, die aus patriotisch gesinnten Familien stammten, waren geprägt vom Nationalismus der 70er Jahre des 19. Jahrhunderts. Sie waren enttäuscht und wütend, einerseits über den wachsenden Antisemitismus, der durch die Umtriebe des Berliner Hofpredigers Adolf Stoecker (1835–1909) genährt wurde, und andererseits über das Klima, das der Antisemitismusstreit rund um den Historiker Heinrich von Treitschke (1834–1896) befördert hatte. Dieser Antisemitismus sprach nicht nur das deutsche Kleinbürgertum an, das durch die wirtschaftliche Depression der frühen 80er Jahre und der allgemeinen Verunsicherung Schaden genommen hatte, sondern auch die Studenten an den Universitäten.
Als Antwort darauf organisierte Benno Jacob 1886 gemeinsam mit elf Medizinstudenten, die der Beleidigungen überdrüssig waren, die erste jüdische schlagende Burschenschaft (Viadrina) und war so wohl der einzige schlagende Rabbiner Deutschlands. Aus der Viadrina wurde der populäre K. C. Kartell-Convent, eine Verbindung deutscher Studenten jüdischen Glaubens, die an

deutschen Universitäten eine wichtige Rolle im Leben jüdischer Studenten spielte. Die Mitglieder verband, dass sie deutsches Nationalbewusstsein mit einer jüdischen Kulturzugehörigkeit verbinden wollten.[3] Als andere Burschenschaften die Anerkennung der Viadrina verweigerten, erzwangen ihre Mitglieder ihr Anliegen, indem sie diese energisch herausforderten. Benno Jacob war einer der Duellanten. Dies markierte den Beginn seines lebenslangen Kampfes gegen Antisemiten.
Sein streitbarer Geist erzürnte die jüdische Gemeinde von Breslau, doch er fand Unterstützung von Heinrich Graetz und Rabbiner Manuel Joel (1826–1890). Absolut furchtlos, scheute er sich nicht, selbst vor großen nichtjüdischen Zuhörerschaften aufzustehen und antisemitische Redner herauszufordern. Physische Gefahr erschütterte ihn nie, ganz gleich, ob er es während des Ersten Weltkriegs mit Beleidigungen durch Offiziere zu tun hatte oder als Siebzigjähriger angesichts der SA während des sogenannten Judenboykotts von 1933. Er war davon überzeugt, dass eine derartig direkte Konfrontation den Juden zu ihrem rechtmäßigen Platz im deutschen Gesellschaftsleben verhelfen würde. Er verband diese Bestrebungen mit einem unerschütterlichen deutschen Patriotismus – eine Haltung, die ihm den Respekt der jüdischen Gemeinschaft in Deutschland eintrug.

Rabbinat und Anfänge als Gelehrter

Im Anschluss an seine Studienzeit blieb Benno Jacob als Pädagoge in Breslau. Er war ein inspirierender Lehrer. Etliche seiner Schüler wurden später selbst Rabbiner. Von 1891 bis 1906 hatte er das Amt des Rabbiners in der kleinen Universitätsstadt Göttingen mit ihrer wenige hundert Personen zählenden jüdischen Gemeinde inne. Göttingen stellte sich als idealer Ort heraus, um seine zweifache Karriere zu beginnen – als Rabbiner wie als Wissenschaftler. Es gab ausreichend Zeit für Bibel- und andere Studien und genug Freizeit, um die Freundschaft von Juden und Nichtjuden gleichermaßen zu genießen. Der große deutsche Bibelwissenschaftler Julius Wellhausen (1844–1918), dessen Theorien sich Benno Jacob ein Leben lang widersetzte, lehrte zu die-

Benno Jacob, Göttingen, um 1892

ser Zeit in Göttingen. Sie hielten miteinander Kontakt und Wellhausen betrachtete einige von Benno Jacobs Gedanken als »ingeniös«.

Im Jahr 1894 heiratete Benno Jacob Helene Stein, die hübsche Tochter von Jakob Stein, der Vorsteher des jüdischen Lehrerseminars in Kassel war. Ihre Familie kam aus der Nähe von Glogau. Jacobs Schwiegervater hatte einen Leitfaden zur jüdischen Religion herausgegeben, der fünfmal wiederaufgelegt und zuletzt von seinem

Helene Jacob, geb. Stein, Kassel 1894

Ernst und Hannah, um 1905

Schwiegersohn überarbeitet wurde.[4] Die ersten fünf Jahre ihrer Ehe blieben kinderlos, in dieser Zeit setzte seine Frau ihre Studien an der Universität fort und nahm Anteil an seinem Rabbinat. Ihr stiller Humor und ihre sanfte Wesensart glichen den harschen Ton ihres Mannes aus. Das Paar hatte später drei Kinder: Ernst (1899–1974), der Rabbiner wurde, Hannah (1902–1988) und Ewald (1904–1979).

Frühe Bibelstudien und eine neue Betrachtungsweise

Die wissenschaftlichen Interessen Benno Jacobs waren weit gefächert. Neben populärwissenschaftlichen Schriften verfasste er eine linguistische Studie der Psalmen (»Beiträge zu einer Einleitung in die Psalmen«, 1896–1900) sowie einen Essay über palästinisches Aramäisch (»Das hebräische Sprachgut im Christlich-Palaestinischen«, 1902). Die ersten Aktivitäten lassen die späteren Werke erahnen. So betonte er die Bedeutungsschattierungen und versuchte die originalen Untertöne der Worte zu erfassen. Er wählte sich lang anstehende Probleme aus und schrieb auch ausführlich über den mysteriösen Begriff *selah*, der sich häufig in den Psalmen findet. Seine Interpretationen hebräischer Begriffe wurden oft von Bibelkommentatoren übernommen, weil seine präzise Methodologie nur selten übertroffen wurde.

Mit Wilhelm Ebstein (1836–1912) arbeitete Benno Jacob an zwei Bänden zur Medizin in Bibel und Talmud (»Die Medizin im Alten Testament« (1901); »Die Medizin im Neuen Testament und im Talmud« (1903)). Allerdings wollte er – aus für mich unerklärlichen Gründen – seine Mitarbeit daran nicht erwähnt wissen.

Benno Jacobs nächstes Buch ließ die Anfänge seines neuartigen Ansatzes in der Bibelwissenschaft erkennen. Er wandte sich dem häufig benutzten Ausdruck *beSchem Adonai* (hebr. »im Namen Gottes«) zu. Seine Studie in Buchlänge mit dem Titel »Im Namen Gottes« (1903) behandelte in origineller Weise den Ausdruck in der Hebräischen Bibel und im Neuem Testament. Benno Jacob lehnte die Trennung zwischen Jahwisten und Elohisten ab, wie sie die vorherrschende Dokumentenhypothese zum Pentateuch vornahm[5], ebenso die These von einer allmählichen Entwicklung zum Monotheismus und auch die vermuteten magischen Untertöne des heiligen Namens. Er diskutierte vielmehr die Spekulationen und abergläubischen Vorstellungen, die oftmals mit dem Gottesnamen in Verbindung gebracht werden. Das Buch gipfelt in einem gründlichen Exkurs zu *j'h'w'h*. Diese Studie enthielt auch viel zu Semantik und symbolischer Logik. Das schmale Bändchen wurde in vielen wichtigen Fachzeitschriften besprochen und brachte den Autor die Aufmerksamkeit anderer Gelehrter ein – so wie die von Samuel Krauss, W. Streitmüller und Adolf Büchler[6], mit denen er über Jahrzehnte brieflich einen regen Gedankenaustausch pflegte.

Es war jedoch »Der Pentateuch: Exegetisch-Kritische Forschungen« (1905), welches das Grundmuster seiner späteren Studien vorgab und ihn entschieden auf eine neue Bahn brachte. Er erstaunte seine Leser damit, wie er mit einigen der schwierigsten und am wenigsten beachteten Abschnitte des Pentateuchs umging und bewies, dass diese viele originelle Ideen enthielten. Jacob untersuchte die rätselhaften Abzählungen in der Urgeschichte (Gen 1–11) und wies nach, dass dieser Text durch die Grundzahlen 7, 10, 12 und 40 gebunden ist und dieses System eine Bedeutung hat.[7] Auch erkannte er, dass die Teile der Tora, die sich mit der Chronologie, Genealogie, der Stiftshütte und dem Opferkult auseinandersetzten, grundlegend für das Verständnis biblischer Religion waren. In diesem Werk behandelte Jacob jene Segmente der Tora, die von den meisten Lesern gern übergangen wurden.

Hier stellte Jacob die These auf, wonach der Autor der Bibel keine technische Beschreibung der Stiftshütte habe geben wollen und es aus diesem Grund ein Ding der Unmöglichkeit war, sie physisch gemäß der biblischen Vorlage zu rekonstruieren. Vielmehr habe der Text tiefgründige theologische Ideen durch Symbole zum Ausdruck bringen wollen. Dies mache auch die Debatten über die Existenz des Stiftszelts irrelevant. Andere Kapitel

von Benno Jacobs »Pentateuch« verwiesen auf die theologischen Ideen, die in der Beschreibung des Festtagszyklus und den chronologischen und genealogischen Passagen enthalten sind. Keine von ihnen sei primär mit historischen Daten befasst. Vieles in diesen Abschnitten der Tora repräsentiere vielmehr ein künstliches, symbolisches Konstrukt. Die Ergebnisse dieser Interpretation waren überraschend und wurden mittels einer ausgeklügelten Methode erreicht. Hier sehen wir auch, dass Jacob die Bibel selbst für jüdische Augen neu öffnen und zugleich jene inspirieren wollte, die sie vernachlässigt hatten. »Für uns ist die Bibel ein Buch des Lebens, unser Leben (...) Wir brauchen eine kritische Sicht auf die Bibel, die nicht nur deren genaue Bedeutung aufzeigt, sondern auch ›die Seele erquickt‹ (...) die nicht nur schlicht wahr ist, sondern ›dem Herzen Freude bringt‹ und ›das Auge erleuchtet‹ (...) Nur ein Jude ist ihr vollkommen treu gewesen und hat nie seine Verbindung zu ihr zerrissen.«[8]
Benno Jacobs umfassende Studien fußten auf alten und neuen wissenschaftlichen Methoden – literarischen, archäologischen, philologischen und grammatikalischen – gemeinsam mit der älteren jüdischen Exegese, die die meisten christlichen Bibelkritiker ignorierten. Er übernahm diese Verfahrensweise für all seine nachfolgenden Arbeiten. Benno Jacob besaß ein feines Gespür für die Sprache der Bibel und verstand ihre Eigenheiten besser als zeitgenössische Bibelkritiker. Viele Rezensenten

widersprachen ihm indes, und dies provozierte wiederum einen heftigen wissenschaftlichen Diskurs, den er augenscheinlich genoss.

In seinen Schriften kam er zu Schlussfolgerungen, die denen anerkannter zeitgenössischer Bibelgelehrter diametral entgegenstanden. Doch er schwamm mit Enthusiasmus gegen den Strom der Bibelwissenschaft. Einige Kritiker haben Benno Jacob als konservativen Bibelkritiker bezeichnet, offenbar aus einem Unverständnis für den Sinn seiner Studien heraus. Er versuchte den Text vor einer pseudo-wissenschaftlichen Methodologie und verstiegenen Rekonstruktionen zu schützen und zu bewahren. Zwar räumte er ein, dass der Bibeltext von späterer Hand ediert worden war und dass Segmente des Pentateuchs nicht von Moses herrührten, was aus dem Text der Tora selbst hervorgeht, aber er betrachtete auch den unbekannten Endredaktor als zumindest so intelligent wie den modernen Leser und nicht anfällig für offensichtliche Fehler. Auch meinte er, dass das Original nicht zu rekonstruieren wäre. Bemühungen in diese Richtungen wären ohne jeden Nutzen und vernachlässigten nur die Hauptarbeit der Wissenschaft: nämlich das Studium des übernommenen Texts in seiner vorliegenden Form.

Wenn Wissenschaftler mit ihm stritten, dann antwortete er mit sorgfältiger Detailtreue, aber häufig auch in bissigem Ton und mit scharfsinniger Argumentation. Die breite Mehrheit in der Welt der akademischen Bibelwissenschaften ignorierte ihn einfach. In jüdischen Kreisen hingegen fand er schon früh Anerkennung von Rosenzweig, Cassuto, Buber, Segal und Kaufmann, etwas später auch von Leibowitz und Plaut. Umberto Cassutos (1853–1951) Werk war von Benno Jacob beeinflusst und einige ihrer Studien ergänzen einander. Als Folge dieser allgemeinen Missachtung durch christliche Bibelgelehrte konnte eine größere akademische Leserschaft von seinen Anstrengungen erst in der Nachkriegszeit profitieren. Durch die Schriften Childs von Rad und des Philosophen Barth fand er schließlich auch dort Anerkennung.[9]

Jacob wollte nicht nur Gelehrte überzeugen, sondern auch den verunsicherten Laien. Daher systematisierte er seine Kritik in einem kleinen Buch »Die Thora Moses« (1912), das den historischen Hintergrund der Bibel darlegt, außerdem die Fragen, die sich moderne Gelehrte stellen und ihre Schlüsse und Irrwege, die sie in die falsche Richtung geführt hatten. Die Präsentation ist geschickt, leicht verständlich und daher auch für den Laien zugänglich.[10]

Ein Streiter wider den Antisemitismus

Trotz seiner Arbeit in Wissenschaft und Gemeinde fand Benno Jacob Zeit, sich auch weiterhin für die Verteidigung der deutschen Juden einzusetzen. Die häufigen antisemitischen Untertöne protestantischer Bibelwissenschaftler verstärkten zweifellos seinen Hang, den Antisemitismus zu bekämpfen, wo immer er auf ihn stieß. Seinen heftigsten Widerspruch provozierte der Publizist und Politiker Max Liebermann von Sonnenberg (1848–1911), ein Mitglied des deutschen Reichstags und Wortführer rassistischer antisemitischer Theorien.[11] 1891 hielt von Sonnenberg einen zweieinhalbstündigen Vortrag über die Juden und das Judentum unter dem Titel »Verträgt sich die Talmud-Moral mit dem deutschen Staatsbürger-Recht?«. Benno Jacob erschien mit einem Gepäckträger und mehreren Bänden des Talmuds. Nach Beendigung des Vortrags trat er nach vorne, schlug die Bände auf und bat den Redner, jene Passagen zu lesen, auf die er sich soeben bezogen hatte. Von Sonnenberg musste zugeben, dass ihm die Sprache des Talmuds unbekannt war und er nicht einmal einen hebräischen Buchstaben lesen konnte. Benno Jacob wollte wissen, wie er es dann wagen konnte, die moralischen Lehren des Talmuds zu diskutieren, wenn er ihn tatsächlich gar nicht lesen könne. Er fuhr fort, die Hörerschaft über den Talmud aufzuklären und verwies sorgfältig auf seinen

Besuch deutscher Schulen und Universitäten wie auch auf seinen Dienst in der Preußischen Armee. Er rief den Menschen in Erinnerung, dass er, obwohl Rabbiner, ein perfektes Deutsch spreche – nicht das Jüdisch-Deutsche, auf das der Sprecher angespielt hatte. Benno Jacob berief sich sodann auf liberale Ideen.[12]
Jacob benutzte seine rhetorischen Fähigkeiten und seine veröffentlichten Schriften dazu, jedem Versuch zu begegnen, die Juden auszugrenzen und jener Rechte zu berauben, die sie im 19. Jahrhundert allmählich errungen hatten. Er trat furchtlos auf dem Schauplatz einer jeden größeren antisemitischen Zusammenkunft auf und wurde wegen seiner scharfsinnigen, oft ironischen Attacken gegen Antisemiten herzlich willkommen geheißen.[13] So trat er der Streitschrift »Babel und Bibel« (1902) des großen Assyrologen Friedrich Delitzsch (1850–1922) entgegen, in der dieser behauptete, dass in Babylonien die wahre Quelle aller Ideen der Bibel liege. Dies war nicht nur falsch, Delitzsch griff auch die Juden und das Judentum insgesamt an.[14] Wie es die nachfolgende Zeit des Nationalsozialismus' gezeigt hat, waren all diese aufklärerischen Bemühungen am Ende vergebens, aber sie sollten ihres Mutes wegen wahrgenommen werden. Oft genug wird von Historikern vergessen, mit welchem Einsatz der Antisemitismus bekämpft wurde.

Gemeinderabbiner und Kollegen

Benno Jacobs Bemühungen in dieser Zeit waren nicht ausschließlich auf das eigene Bibelstudium beschränkt. Er edierte auch die Predigten eines Kollegen und Freundes, Benjamin Rippner (1842–1898), der nach 25-jähriger Tätigkeit als Rabbiner in Glogau gestorben war.[15] Jacobs Einleitung zu diesem Band gab einen kleinen Einblick in seine Vorstellungen vom praktischen Rabbinat, denn sie beschrieb die Einsamkeit des Rabbiners in einer kleinen Gemeinde. Sie betonte die Wichtigkeit des gesprochenen Wortes für den Synagogengottesdienst und auch die Bedeutung, die ein traditionelles Gedankengut für die Auseinandersetzung mit zeitgenössischen Problemen haben konnte. Es war das Muster, nach dem Benno Jacob seine eigenen Predigten gestaltete. Leider hat fast keine von ihnen die Nazizeit überlebt, wenn auch einige seiner populärwissenschaftlichen Vorträge uns die Möglichkeit geben, seinen Ansatz zu verstehen und auch seinen Umgang mit biblischen und rabbinischen Texten.

Während seiner Jahre als Rabbiner in Göttingen und später in Dortmund unterhielt Benno Jacob eine enge Verbindung mit seinen Kollegen in den benachbarten Gemeinden. Ihre monatlichen oder zweimonatlichen Treffen wechselten von einer Gemeinde zur nächsten und boten einen Gedankenaustausch und die Möglichkeit, sich mit allgemeinen Problemen zu befassen. Auf diesen Treffen schlossen auch die Rabbinerfrauen lebenslange Freundschaften. In der Sommerzeit packte die Familie unverzüglich ihre Siebensachen und verbrachte einen einfachen Urlaub im Dorf und Luftkurort Clausthal-Zellerfeld im Harz nahe Goslar. Sie mieteten sich bei jüdischen Familien ein und trafen üblicherweise auf Kollegen und deren Familien, darunter die Samuels aus Essen und die Baecks aus Berlin.[16] Die Familie erfreute sich an der Natur und verbrachte Stunden mit Lesen und Studium; deshalb war bei diesen Ausflügen aufs Land stets ein großer Schrankkoffer voller Bücher dabei. Während der Familienausflüge in die Wälder kam Jacob die Kenntnis von Pilzen und Beeren zugute.[17]

Benno Jacob war in den folgenden Jahren in ganz Deutschland unterwegs, seine Brüder in Düsseldorf und Berlin traf er jedoch nur selten, da ihm das nötige Geld fehlte. Helene Jacob besuchte ihre Schwestern nur dann, wenn diese schwer erkrankt waren, obgleich sie in der Nähe wohnten. Das kleine Salär als Rabbiner wurde durch die Aufnahme eines Waisenkindes, Kurt Schattenberg, für einige Jahre aufgestockt, trotz der Schwierigkeiten, die ein weiteres Familienmitglied mit sich brachte. Schattenberg starb später in England.

Rabbiner in Dortmund

1906 wurde Benno Jacob Rabbiner in Dortmund, einer Gemeinde mit 3.500 Mitgliedern. Obwohl Dortmund eine alte Stadt mit einer mittelalterlichen Tradition war, gewann sie erst durch die Industrialisierung gegen Ende des 19. Jahrhunderts wirklich an Bedeutung. Ihre Bevölkerung war von 30.000 in der Mitte des Jahrhunderts auf 100.000 angewachsen. Das Wachstum beschleunigte sich und erreichte in den späten 1920er Jahren die Zahl von 330.000 Einwohnern. Es war nicht einfach, der erste moderne Rabbiner dieser wachsenden, rauen Industriestadt zu sein, die gerade im Begriff war, ihr eigenes Profil zu entwickeln. Seine Tätigkeit in Dortmund verpflichtete ihn zu wöchentlichen Predigten, zwanzig

Dortmunder Synagoge, 1910

Stunden Religionsunterricht in öffentlichen Schulen, Ausrichtung von Hochzeiten und Begräbnissen, Überwachung wohltätiger Unternehmungen, Führung der Logen und anderen Anforderungen. Die Gemeinde hatte 1899 eine wunderschöne neue Synagoge im Zentrum der Stadt neben dem Städtischen Theater erbaut. Im Anschluss an die *Jamim Noraim* 1938 wurde sie auf Befehl der Nationalsozialisten zerstört und das Grundstück in einen Parkplatz umgewandelt.[18]

Ein kritischer Blick auf die jüdischen Studien und den Status des Rabbiners

In einem 1907 vor dem Allgemeiner Rabbinerverband in Deutschland[19] gehaltenen Vortrag präzisierte Benno Jacob seine breit angelegte, kritische Sicht auf ein Jahrhundert der modernen jüdischen Studien. Wie hatten sie das jüdische Selbstverständnis beeinflusst? Hatten sie zu einem besseren Verständnis zwischen Juden und Christen geführt?[20] Die nachfolgende Schrift »Die Wissenschaft des Judentums, ihr Einfluß auf die Emanzipation der Juden« (1907) ging sogar noch einen Schritt weiter. Sie würdigte die Errungenschaften dieser wissenschaftlichen Bewegung und ihre positive Wirkung auf die Juden. Seine Arbeit wurde letztlich von christlichen Wissenschaftlern nur widerwillig zur Kenntnis genommen, die aber dennoch immer wieder neue Mittel

und Wege fanden, die Juden und das Judentum anzugreifen. Sie schrieben auch weiterhin über das rabbinische Judentum und »Leben und Zeit Jesu«, ohne sich auf jüdische Quellen zu beziehen. Die Feindschaft zwischen Christentum und Judentum hatte nicht abgenommen.
Jacob ging dazu über, die Wissenschaft des Judentums für ihre übermäßige Anpassung an die umgebende Kultur und für ihre ausschließliche Verwendung des Deutschen zu geißeln. Zum großen Entsetzen seiner Kollegen war er sehr kritisch gegenüber den zeitgenössischen jüdischen Studien eingestellt. Die Forschung hatte keinen Nachfolger des herausragenden Historikers Graetz hervorgebracht, besaß nur wenige Talmudgelehrte, vernachlässigte die hellenistische Welt und besaß niemanden von erstem Rang, der sich um die Bibel kümmerte. Er nahm dabei Traditionalisten wie David Hoffmann oder auch Jakob Barth aus. Jacob brandmarkte die jüdische Forschung für ihre fehlende Dynamik und mangelnden Weitblick. Der erwähnte Vortrag vor der Allgemeinen Rabbinerkonferenz führte zu einer wütenden Debatte, an der er sich beteiligte. Bezeichnenderweise bereitete er damit im Grunde seinen dezidierten Einstieg in das Feld der Bibelstudien vor, denen er für den Rest seines Lebens nachgehen sollte.
In den Jahren vor dem Ersten Weltkrieg sah man ihn also engagiert interne jüdische Fragen analysieren. Er kritisierte das liberale Judentum in seiner vernichtenden

Rezension von Rabbiner Felix Coblenz' (1863–1923) Lehrbuch »Die Jüdische Religion« (1908), indem er seine oberflächliche Behandlung wesentlicher Fragen anprangerte.[21] Dies führte zu einem stürmischen Meinungsaustausch unter Kollegen. Zwei Jahre später schrieb Benno Jacob einen Essay, in dem er für eine zentralere Rolle des Rabbiners innerhalb der jüdischen Gemeinde plädierte (»Die Stellung des Rabbiners«, 1910), angeregt durch die preußische Legislative, die den Aufbau der jüdischen Gemeinschaft in Deutschland neu zu strukturieren suchte. Letztlich erhöhte dies den Status des Rabbiners, gab ihm eine Stimme bei Gemeindevorständen und die Macht für ein Veto in religiösen Belangen. Der Essay führte zu vielen Debatten in ganz Deutschland, denn die Frage wurde auf vielerlei Ebenen diskutiert.

Der Erste Weltkrieg und Probleme in der Gemeinde

Der Erste Weltkrieg brachte neue Probleme mit sich. Benno Jacob war ein unerschütterlicher Patriot und favorisierte daher einen deutschen Sieg. Trotz allem Antisemitismus, der während des Krieges immer wieder manifest wurde, blieb er voller Hoffnung, was die Zukunft einer jüdischen Gemeinschaft in Deutschland betraf. Während der ersten Kriegsjahre organisierte er eine spezielle Sammlung von Geschenken an die Soldaten, die er ihnen dann persönlich an die Front lieferte. Er organisierte wöchentliche Kriegsgottesdienste in Dortmund, zu denen Juden und Nichtjuden gleichermaßen Zugang hatten.

Weil der Krieg zu Engpässen bei der Nahrungsmittelversorgung führte, musste er dafür Sorge tragen, dass die Rationen seiner Gemeinde koscher waren.[22] Dies führte über eine lange Zeit hinweg zu vielen größeren und kleineren Konflikten mit den Behörden. Während der letzten Kriegsjahre wurden polnische Zwangsarbeiter ins Ruhrgebiet gebracht, darunter hunderte Juden. Jacob sorgte für koschere Nahrungsmittel und tat sein Bestes, um ihre schwierige Lage abzumildern und ihnen über das Trauma der Trennung von ihren Familien hinwegzuhelfen. Er bot ihnen Gottesdienste nach dem polnischen Minhag an, den sie gewohnt waren.[23] Darüber hinaus organisierte er gesellschaftliche und geistige Aktivitäten für ihre Freizeitgestaltung. Trotz dieser Bemühungen kam es zu Missverständnissen.

Nach dem Krieg ließ sich eine ganze Reihe von osteuropäischen Juden in Dortmund nieder und ihrer andersartigen Religiosität galt es gerecht zu werden. Diese Neuankömmlinge gerieten häufiger in Konflikt mit den Behörden, denn sie besaßen keine ordentlichen Papiere, oftmals nicht einmal eine Geburtsurkunde. Benno Jacob kümmerte sich um Spracherwerb, Ernährung, Kleidung und ordentliche Unterkünfte. Während der letzten Jahre des Ersten Weltkriegs und in der unmittelbaren Nachkriegszeit organisierte er einige Transporte in die Schweiz, damit die Kinder aus Dortmund und den benachbarten Gemeinden von der besseren Ernährung und den Lebensbedingungen in diesem neutralen Land profitieren konnten. Er arrangierte ihre Aufnahme bei jüdischen Familien auf dem Land, die sich um sie kümmern konnten. Seine Tochter Hannah erinnerte sich lebhaft an die Monate, die sie in einer ähnlichen Situation in einer solch isolierten Familie in Wehdem nahe Osnabrück zubrachte. Die befreundete Familie Sauer war dort seit 1850 zu Hause, lebte ihr religiöses Leben als Juden und war zugleich komplett ins Dorfleben integriert.

In den Jahren nach dem Ersten Weltkrieg, nachdem das Deutsche Kaiserreich zusammengebrochen und die Weimarer Republik gegründet worden war, war das Ruhrgebiet Schauplatz erheblicher Unruhen. Als Reaktion auf die Putschversuche nationalistisch gesinnter Freikorps begannen sich im Ruhrgebiet Teile der Arbeiterschaft zu bewaffnen. Es bildeten sich spontan lokale Vollzugsräte, die zeitweilig die politische Macht übernehmen konnten. In dieser schwierigen Zeit vertrat Benno Jacob die jüdische Gemeinde vor der Obrigkeit, die jeweils gerade die maßgebende war. Zum Beispiel just vor Pessach, als die Rote Ruhrarmee Dortmund besetzte[24]: Die Mazzot für die gesamte Gemeinde waren am Bahnhof gestrandet und ein Generalstreik verhinderte deren Entladung und Verteilung.[25] Benno Jacob machte eine Eingabe bei den Behörden, die die Situation lediglich ansatzweise begriffen, schließlich aber die Mazzot freigaben. Als später die Reichswehr gegen die Rote Ruhrarmee vorging, stand Benno Jacob zufällig eines Schabbatnachmittags an einer Straßenecke, als eine Gruppe Soldaten vorbeimarschierte und einer ihn als Juden beleidigte. Er ging umgehend zum befehlshabenden Offizier und verlangte eine Entschuldigung. Der Soldat wurde dazu verpflichtet, sich persönlich bei ihm zu entschuldigen. Während eines Kampfes um die Stadt begleitete er eine Trauergemeinde zum Friedhof. Als die Leidtragenden auseinanderstoben und vor dem Kugelhagel Schutz suchten, blieb er standhaft und brachte die Beerdigung zu Ende. Das Ruhrgebiet war zeitweilig auch von den Franzosen besetzt, und es waren Pässe nötig, um Dortmund verlassen oder umherreisen zu können. Benno Jacob hatte eben erst einen Kindertransport in den Süden organisiert und musste die Kinder besuchen. Es bedurfte großer Anstrengung und ein wenig Schummelei, um die notwendigen Papiere zu erhalten.

Studien in schwieriger Zeit

In den Jahren, die auf den Ersten Weltkrieg hinführten, setzte Jacob seine Studien der verschiedenen Abzählungen in den Büchern Leviticus und Numeri fort (»Die Abzählungen in den Gesetzen der Bücher Leviticus und Numeri«, 1909). Er entwickelte seine eigene Interpretation des Zahlensystems in der Tora. Mehr dazu ist in seinen späteren Kommentaren zu Genesis und Exodus zu finden. Er verwies auf einen inneren Rhythmus, der oftmals den biblischen Text kennzeichnete. Benno Jacob wendete diese heuristische Idee auf viele Passagen in der Tora an. Als diese kontroverse These abgelehnt wurde, weil sie den üblichen literaturwissenschaftlichen Methoden widersprach, antwortete Benno Jacob einfach: »Zählt selbst, und ihr werdet sehen, dass die Zahlen existieren. Kann das reiner Zufall sein?«. Obwohl er keine längeren Textstücke vor dem Ersten Weltkrieg publizierte, machten seine Bibelstudien rapide Fortschritte, wie es aus seinen 120 Notizbüchern ersichtlich ist, die ein kontinuierliches Protokoll der Bibelstudien über ein halbes Jahrhundert hinweg bieten. Benno Jacob trug stets ein Notizbuch und eine kleine Hebräische Bibel bei sich, besonders auf langen Spaziergängen. Die Notizbücher stellen die Urform vieler späterer Schriften dar.[26]

Trotz der vielen besonderen Anforderungen während des Krieges publizierte Benno Jacob seinen Band »Quellen-

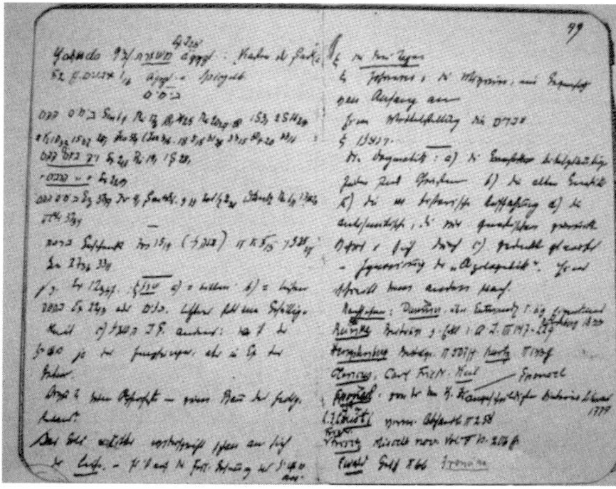

Aus Benno Jacobs Notizbüchern

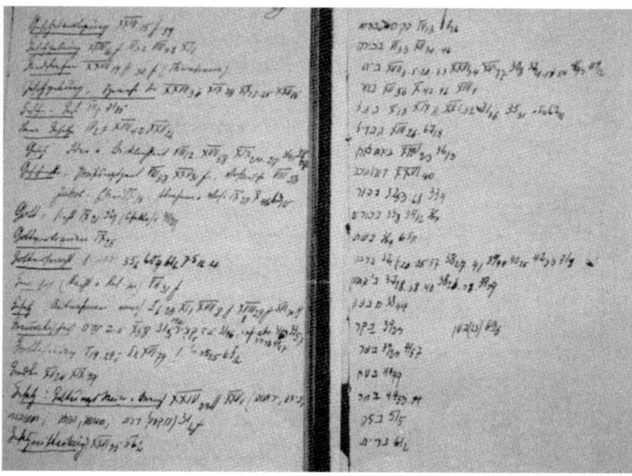

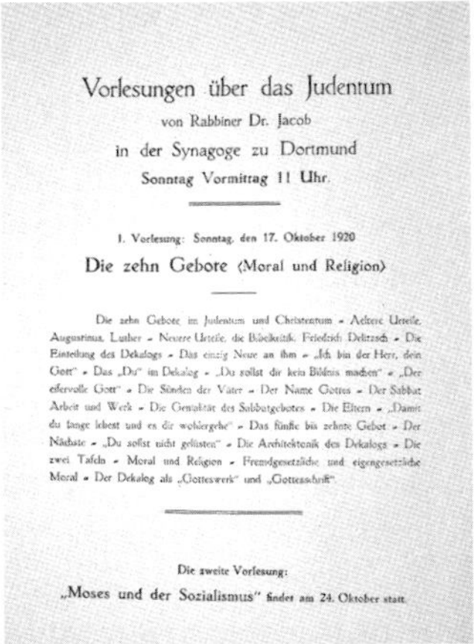

Vorlesungen über das Judentum

von Rabbiner Dr. Jacob

in der Synagoge zu Dortmund

Sonntag Vormittag 11 Uhr.

1. Vorlesung: Sonntag, den 17. Oktober 1920

Die zehn Gebote (Moral und Religion)

Die zehn Gebote im Judentum und Christentum - Aeltere Urteile, Augustinus, Luther - Neuere Urteile, die Bibelkritik, Friedrich Delitzsch - Die Einteilung des Dekalogs - Das einzig Neue an ihm - „Ich bin der Herr, dein Gott" - Das „Du" im Dekalog - „Du sollst dir kein Bildnis machen" - „Der eifervolle Gott" - Die Sünden der Väter - Der Name Gottes - Der Sabbat Arbeit und Werk - Die Genialität des Sabbatgebotes - Die Eltern - „Damit du lange lebest und es dir wohlergehe" - Das fünfte bis zehnte Gebot - Der Nächste - „Du sollst nicht gelüsten" - Die Architektonik des Dekalogs - Die zwei Tafeln - Moral und Religion - Fremdgesetzliche und eigengesetzliche Moral - Der Dekalog als „Gotteswerk" und „Gottesschrift".

Die zweite Vorlesung:

„Moses und der Sozialismus" findet am 24. Oktober statt.

Titelblatt Die zehn Gebote (1920)

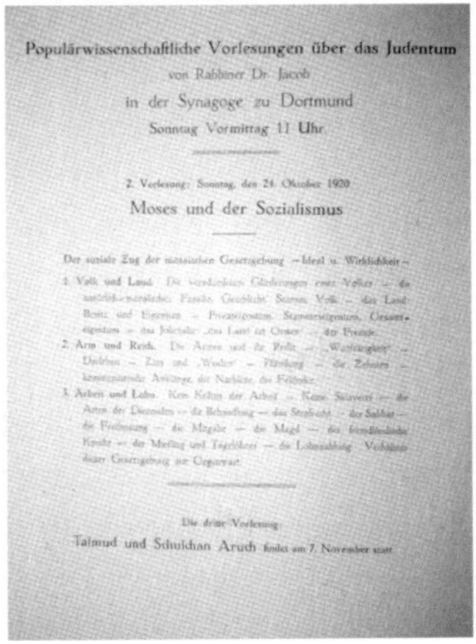

Populärwissenschaftliche Vorlesungen über das Judentum

von Rabbiner Dr. Jacob

in der Synagoge zu Dortmund

Sonntag Vormittag 11 Uhr.

2. Vorlesung: Sonntag, den 24. Oktober 1920

Moses und der Sozialismus

Der soziale Zug der mosaischen Gesetzgebung — Ideal u. Wirklichkeit —

1. Volk und Land. [illegible]
2. Arm und Reich. [illegible]
3. Arbeit und Lohn. [illegible]

Die dritte Vorlesung:

Talmud und Schulchan Aruch findet am 7. November statt.

Titelblatt Moses und der Sozialismus (1920)

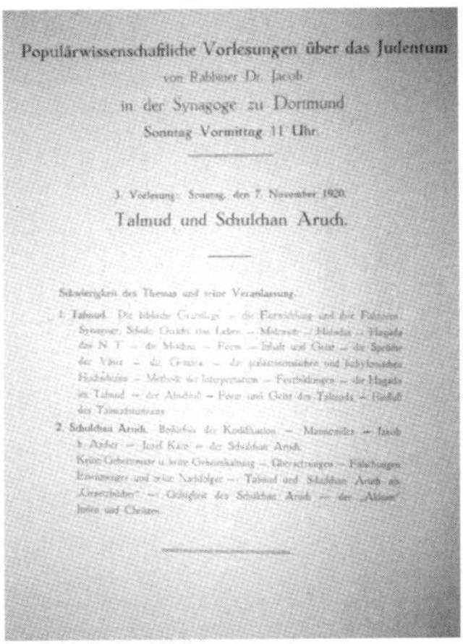

Populärwissenschaftliche Vorlesungen über das Judentum

von Rabbiner Dr. Jacob

in der Synagoge zu Dortmund

Sonntag Vormittag 11 Uhr.

3. Vorlesung: Sonntag, den 7. November 1920.

Talmud und Schulchan Aruch.

Schwierigkeit des Themas und seine Veranlassung.

1. Talmud. [illegible]
2. Schulchan Aruch. [illegible]

Titelblatt Talmud und Schulchan Aruch (1920)

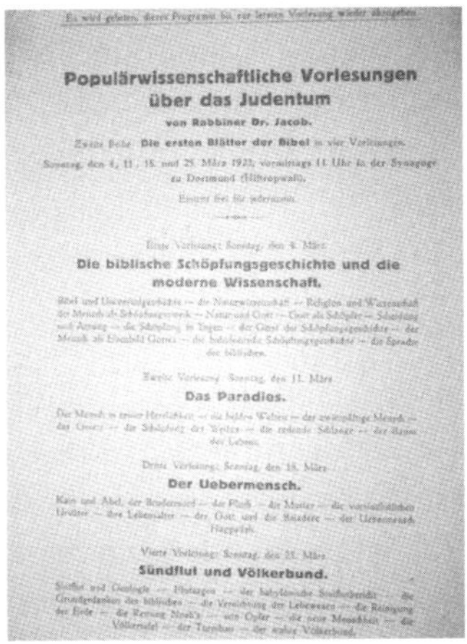

[illegible]

Populärwissenschaftliche Vorlesungen über das Judentum

von Rabbiner Dr. Jacob.

[illegible] Die ersten Blätter der Bibel in vier Vorlesungen.

[illegible]

Die biblische Schöpfungsgeschichte und die moderne Wissenschaft.

[illegible]

Das Paradies.

[illegible]

Der Uebermensch.

[illegible]

Sündflut und Völkerbund.

[illegible]

Ankündigung einer Vortragsreihe, 1923

scheidung und Exegese im Pentateuch« (1916). Auf hundert Seiten präsentierte er seine Quellenkritik zur Tora. Neben einem umfangreichen Apparat zum gleichen Thema im Genesis-Kommentar enthielt er eine gründliche Analyse der Quellenkritik und ihrer Defizite. In typischer deutscher Polemik und voller Ironie ließ Benno Jacob niemanden ungeschoren und nahm sich eine ganze Generation von Bibelgelehrten zur Brust. Der Philosoph und Bibelwissenschaftler Franz Rosenzweig wurde von diesem Buch und seiner scharfsinnigen und detaillierten Anfechtung der Dokumentenhypothese angeregt. Jacob bemerkte, dass der Antisemitismus häufig deren Auslegung beeinflusst hatte. Jacob versuchte durch seine weniger intellektuellen Artikel »Moses am Dornbusch« (1922) und »Gott und Pharao« (1924) eine größere Öffentlichkeit zu erreichen.[27]

Das Chaos im Anschluss an den Ersten Weltkrieg

Die letzten Jahre des Ersten Weltkriegs und das Chaos, das der verlorene Krieg verursachte, führten zu einer neuen Welle des Antisemitismus und einer allgemeinen Ratlosigkeit, wie man mit der neuen Situation umgehen sollte. Am bekanntesten waren Jacobs Beiträge, die unter dem Titel »Krieg, Revolution und Judentum« (1919) mehrfach aufgelegt wurden. In »Juden und das Berliner Tageblatt«

(1920), »Gott der Rache« und anderen Artikeln verteidigte Benno Jacob die Juden als loyale Patrioten. Sein »Ein Wort an unsere Akademiker« hatte sich schon 1911 an jene Juden gewandt, die sich in der akademischen Welt eingerichtet und dabei dem Judentum entfremdet hatten. Sie suchte er für eine spirituelle und intellektuelle Form des Judentums zu gewinnen.

Während des Krieges war Benno Jacob im Vorstand des Allgemeinen Rabbinerverbandes; er vermochte den Bruch zu kitten, der den Verband der Deutschen Juden in Berlin im Mai 1921 fast entzweite. Benno Jacob war ein Antizionist und setzte seine Hoffnung auf die liberale Politik Europas. Seiner Meinung nach stellte der Zionismus eine Bedrohung des religiösen Judentums dar, weil er die Religion durch den Nationalismus ersetzte. Zionismus und jüdischer Messianismus waren für ihn unvereinbar. Ganz folgerichtig war für ihn das Palästina der 20er Jahre ein Ort der Zuflucht und der Ansiedlung – nicht aber ein jüdischer Staat. Als man sich um die Einrichtung einer zionistischen Organisation in Dortmund bemühte, versagte er ihr seine Unterstützung. Doch seine Frau, die ihre eigene Sicht der Dinge hatte, erhob ihre Stimme und wurde Gründungsmitglied. Der Kampf zwischen Zionisten und Antizionisten spielte eine große Rolle in den ersten drei Jahrzehnten des vergangenen Jahrhunderts in Deutschland und Benno Jacob nahm daran aktiv teil.

In seinen wissenschaftlichen Ambitionen wurde Benno Jacob in jener Zeit vor allem durch seinen neuen Freund Franz Rosenzweig bestärkt – und in geringerem Maße auch durch Martin Buber. Benno Jacobs Haltung war Rosenzweig im Zusammenhang mit Gemeindeangelegenheiten aufgefallen, während er 1916 auf dem Balkan diente; er sah in ihm den »nüchternen Radikalismus des echten Ethikers«.[28] 1921 las er Benno Jacobs Arbeit über den Pentateuch und war begeistert. Sie vertiefte sein Verständnis der Tora als eine Einheit.[29] Rosenzweig suchte Benno Jacob noch im selben Jahr in Dortmund auf und ermunterte ihn, einige Vorlesungen am Frankfurter Lehrhaus zu halten und eine Reihe populärwissenschaftlicher Bibel-Essays zu verfassen, die schließlich 1927–28 in der liberalen jüdischen Zweimonatszeitschrift »Der Morgen« erschienen. Ein längerer Briefwechsel wissenschaftlicher Art schloss sich an. Die Freundschaft zwischen beiden war so intensiv, dass Ernst Jacob 1922 Rosenzweig bat, die Herausgabe einer Festschrift zum 60. Geburtstag seines Vaters zu übernehmen. Doch Rosenzweig fand es wichtiger, die Publikation seiner Bibelkommentare voranzutreiben und meinte, dass alle Anstrengungen darauf verwandt werden sollten. Benno Jacob war mit seinem Genesis-Kommentar bereits weit gediehen, und Rosenzweig drängte ihn zur Fertigstellung. Rosenzweig bekannte freimütig, dass er Benno Jacob wichtige Anregungen für seine eigene Bibelübersetzung verdankte, die er mit Martin Buber unternommen hatte. Rosenzweigs Auslegung des Gottesnamens stammte von Benno Jacob. Die Wissenschaftlerin Pamela Vermes hält den Einfluss Benno Jacobs auf diese Bibelübersetzung und andere Werke von Buber und Rosenzweig für weitaus größer, als diesen vielleicht selbst bewusst war[30], oder (wie etwa im Falle Martin Bubers) sie anzuerkennen bereit waren.

Benno Jacob verlieh seinem Antizionismus in einem lebhaften Briefwechsel mit Franz Rosenzweig Ausdruck. Rosenzweigs Antworten erschienen unter dem Titel »Briefe eines Nichtzionisten an einen Antizionisten«.[31] Benno Jacobs Part an dieser Korrespondenz ist leider verloren. Er spürte schon sehr früh, dass der deutsche Nationalismus mit dem Zionismus kollidieren würde, und sah deshalb in Jerusalem eher ein messianisches Symbol denn die potentielle Hauptstadt eines jüdischen Staates.

Als Jacob die »Zionistische Politik« von Hans Kohn und Robert Weltsch in »Der Morgen« rezensierte, nutzte er die willkommene Gelegenheit zu einer eindeutigen Darstellung seiner antizionistischen Gefühle und betonte die Gefahr, die in der Säkularisierung des jüdischen Sehnsuchtsgedankens bestand – in einem wie auch immer gearteten Israel würden zwangsläufig politische und ökonomische Errungenschaften die religiösen Werte ersetzen.[32] Im Mai 1927 votierte er gegen die Resolution der Vereinigung der Liberalen Rabbiner Deutschlands, die den Keren Hayessod bevorzugten, den 1921 gegründeten Palästina-Grundfonds der zionistischen Bewegung. Sein Nachfolger in Dortmund, Rabbiner Kurt Wilhelm (1900–1965), war Zionist und Benno Jacob gab zu verstehen, dass er dessen Sicht bekämpfen werde. Dennoch wurden sie Freunde und studierten häufig gemeinsam die Bibel.[33] Jacob wäre sicherlich über die Tatsache über die Maßen überrascht gewesen, dass zwei seiner Enkel samt Familie dauerhaft in Israel sesshaft wurden, ein anderer hier immerhin ein Jahrzehnt seines Lebens verbrachte, weitere wiederum in zionistische Aktivitäten involviert waren.

Hin zum Genesis-Kommentar

Jacobs Buch »Auge um Auge« (1929) verband Bibelstudien mit dem Kampf gegen den Antisemitismus. Philologisch wies er nach, dass die Aussage »Auge um Auge« in biblischer Zeit nicht in ihrer wörtlichen Bedeutung gemeint war, sondern vielmehr als eine Art Entgelt für einen verursachten Schaden, so wie das später auch der Talmud interpretierte. Er entwarf eine historische Perspektive des Antisemitismus in seinem Artikel in der deutschsprachigen Encyclopaedia Judaica (1928). Darum wurde er gebeten – nicht aber um einen Beitrag zu Bibelartikeln, weil seine Sicht der Dinge nicht der herrschenden Meinung entsprach. Als Redaktionsmitglied

der Encyclopaedia Judaica war Jacob für den Bereich »Judentum in der Gegenwart« zuständig.
Nach seiner Pensionierung 1929 blieb Benno Jacob ein Jahr in Dortmund und zog dann nach Hamburg, wo seine Tochter, sein Schwiegersohn und die Enkel lebten. Seine Zeit war ausgefüllt mit Bibelstudien; gelegentlich hielt er Vorträge, auch unterrichtete er einige begabte junge Männer der Hamburger Gemeinde.[34] Trotz der schweren Erkrankung seiner Frau – sie starb 1932 – arbeitete er weiter an seinem Genesis-Kommentar. Er würdigte ihre Unterstützung, ihren Einfluss, ihre Kritik und Bemühungen um friedensstiftende Maßnahmen in seiner Trauerrede. Nach einem Jahrzehnt in der Bearbeitung wurde der Genesis-Kommentar 1934 veröffentlicht und brachte ihm etwas Anerkennung von Seiten führender jüdischer Bibelgelehrter jener Zeit ein. Doch die akademische Welt verhielt sich distanziert – nicht nur seiner Ansichten wegen, die er so engagiert zum Ausdruck brachte, sondern einfach deshalb, weil er keine akademische Position innehatte. Bevor ihre Haltung sich ändern konnte, gab es kein deutsch-jüdisches Leben mehr. 1934 war ein bitteres Jahr für jüdische Publikationen in Deutschland, viele Exemplare des Genesis-Kommentars wurden durch die Nationalsozialisten vernichtet. Lediglich ein Dutzend Rezensionen erschien in Europa und Amerika. Thomas Mann allerdings diente er als Grundlage seiner Tetralogie »Joseph

und seine Brüder«.[35] Diesem Kommentar vorangegangen war eine Serie populärwissenschaftlicher Essays in »Der Morgen«, die eine ausgezeichnete Einführung in die Grundideen der Genesis bieten.

Dies ist der umfassendste Kommentar, der jemals über die Genesis verfasst worden ist. Auf seinen tausend Seiten hat Benno Jacob die Ideen aller führenden Kommentatoren von einst aufgegriffen, einschließlich vieler, die von seinen Zeitgenossen vernachlässigt wurden. Er verwarf die Dokumentenhypothese mit seinem durch und durch philologischen Ansatz und setzte sich gegen jene zur Wehr, die ihn zerpflücken wollten. Er nahm die Genesis als eine Einheit. Ihre tragenden Teile konnten nicht rekonstruiert sein, wie er bereits in früheren Studien nachgewiesen hatte. Benno Jacobs außerordentliches Gespür für die hebräische Sprache, zusammen mit seiner Kenntnis semitischer Idiome, ermöglichte ihm neue Einsichten in das biblische Hebräisch. Recht häufig führten einfache Verfahren und gründliche Analyse zu erstaunlichen Ergebnissen. Es war ein zutiefst moderner Kommentar. Der Kommentar beinhaltete eine detaillierte Kritik der Dokumentenhypothese. In einem längeren Appendix zur höheren Bibelkritik diskutierte Jacob jede Theorie und entlarvte deren Argumente, ihre Redundanz und ihre dürftigen Resultate. Diese Abteilung war in einem hochpolemischen Stil verfasst und brachte so Verve und Geist in das,

was man sonst leicht als stumpfsinnige Argumentation hätte empfinden können.
Benno Jacob würdigte den Wert des historisch-kritischen Ansatzes, denn die Bibel war ein Produkt der Geschichte. Dabei kamen ihm archäologische Entdeckungen und linguistisches Material aus der Vergleichenden Sprachwissenschaft zugute. Da der Text aus der Zeit nach Moses stammt, bezieht sich einiges Material auf Fakten, die sich erst lang nach dessen Tod ereignet haben konnten. Eindeutig waren in die Endredaktion frühere Quellen eingegangen, die sich heute nicht mehr verifizieren lassen. Er bewies, dass der moderne wissenschaftliche Ansatz den Pentateuch zerstückelt und ein imaginäres Set von Konstrukten geschaffen hatte, das letztlich aber nicht zu einem vertieften Verständnis des überlieferten Textes geführt hatte. Dies hatte – neben einer antisemitischen Tendenz – die meisten seiner christlichen Bibelwissenschaftler jener Zeit dazu verleitet, das Material in eine künstliche Geschichtsabfolge aufzuteilen, die vom »primitiven« Judentum hin zum »kultivierten« Neuen Testament führt.
Jacob verlangte eine uneingeschränkte Akzeptanz des Textes, so wie er uns vorliegt. Diese Endfassung repräsentiere nicht das Werk eines Wirrkopfes; daher sollten die meisten textlichen Widersprüche aus dem Text heraus erklärt werden können. Also konzentrierte sich Benno Jacob auf den massoretischen Text[36], die innere

Logik des Materials und die Gedanken, die in den Widersprüchen begründet waren, stets aber neue Facetten oder neue Ideen ermöglichten. Besonders fasziniert war Benno Jacob von den Zahlen, die in den Text Eingang fanden, und der Wiederholung bestimmter Grundmuster. Seine Erklärungen sind stets geistreich, selbst wenn sie einen nicht immer gleich völlig überzeugen mögen.

Da die Dokumentenhypothese in den 1930er und 1940er Jahren und darüber hinaus allgemeiner Konsens war, wurde der Genesis-Kommentar Benno Jacobs weitgehend ignoriert. Es wäre schwer gewesen, ihn zu widerlegen – einfacher also, ihn gar nicht erst zur Kenntnis zu nehmen. Und dennoch, in den Jahren nach dem Zweiten Weltkrieg fand Jacobs Kommentar in Israel, Deutschland und Nordamerika mehr und mehr Beachtung; Gerhard von Rad, Gordon Childs und Karl Barth bezogen sich auf ihn. Unter jüdischen Gelehrten, speziell jenen in Israel, finden wir Martin Buber, Nechama Leibowitz, Abraham Jehoschua Heschel, Moshe Segal, Umberto Cassuto, Jecheskiel Kaufmann, Joseph H. Hertz, Harry Orlinsky und W. Gunther Plaut, die auf ihn zurückgriffen. Zweifelsohne wird das Werk in der Zukunft noch mehr Einfluss haben, wenn einige seiner Studien auf Englisch oder Hebräisch erscheinen. Eine verkürzte Version des Genesis-Kommentars wurde von meinem verstorbenen Vater, Ernst I. Jacob, und mir besorgt (KTAV, New York 1974).

Ein Besuch in Palästina und die Anfänge zum Exodus-Kommentar

1934 war auch das Jahr, in dem Benno Jacob schließlich Palästina und Ägypten besuchte. Er tat es seines Sohnes Ewald wegen, der im Jahr zuvor nach Palästina ausgewandert war. Es war eine willkommene Unterbrechung seiner Studien. Seine Reisebriefe zeigten unmissverständlich, wie sehr er den Aufenthalt genoss – seiner starken antizionistischen Gefühle zum Trotz. Diese hatten weniger mit der jüdischen Wiederansiedlung in Palästina zu tun als mit der Substitution des Judentums als Religion durch den Zionismus.[37] Während dieser Reise traf er so gut wie alle jüdischen Intellektuellen, die sich mit Bibel- oder Talmudstudien befassten. Sein gesprochenes Hebräisch verbesserte sich hörbar. Auch griff er auf seine arabischen Sprachkenntnisse zurück, um sich mit arabischen Gelehrten auszutauschen und anderen, denen er begegnete. Er war beeindruckt von der Schönheit und Vielfalt des Landes. In Palästina bedrängten ihn viele, doch auch zu kommen und sich niederzulassen. Formell wurde er eingeladen, an der Hebräischen Universität zu lehren. So verlockend dies Angebot auch war, und trotz der vielen Mitstreiter, einschließlich des aschkenasischen Oberrabbiners Abraham Isaak Kook (1865–1935), die ihn dort auch willkommen geheißen hätten: er hatte nicht das Gefühl, dass dies sein Platz war, außerdem gab es Widerstände in der Fakultät.

Den Sinai besuchte er nicht, denn die Reise war beschwerlich und teuer, doch er machte in Ägypten Station, bewunderte die Pyramiden und weitere Sehenswürdigkeiten in der Umgebung Kairos. Auf dem Rückweg legte er auf der Insel Rhodos einen Zwischenstopp ein, um dort das kleine italienische Seminar für sephardische Rabbiner zu besuchen.[38] Auf seiner Rückreise kehrte er bei seinem Gelehrtenfreund Umberto Cassuto ein. Dort in Rom erblickte er auf dessen Schreibtisch die erste vollständige Kopie seines Genesis-Kommentars. Cassuto erzählte ihm von seiner eigenen Arbeit über die Genesis, die eine andere Gestalt annahm und sich mehr mit spezifischen Fragen zu verschiedenen Teilen des Buchs beschäftigte, anstatt jeden einzelnen Vers zu kommentieren. Cassuto besaß und las alles, was Benno Jacob geschrieben hatte. Kein Wunder, dass Benno Jacob den Aufenthalt bei seinem jüngeren Kollegen so genoss.

In den folgenden Jahren begann Benno Jacob sich mit seinem Kommentar zu Exodus zu beschäftigen und mit einer Vielzahl von speziellen Studien. Die Entwicklung seines Kommentars lässt sich ebenso über seine Notizbücher rückverfolgen wie über die extensive Korrespondenz mit seinem Sohn Ernst Jacob in Augsburg. Beide Rabbiner teilten vielerlei Interessen. Benno Jacob übersandte seinem Sohn regelmäßig Teile seines Kommentars für kriti-

Benno Jacob in Palästina, 1934

sche Anmerkungen und Vorschläge. Darüber hinaus besuchte er Augsburg für jeweils einen Monat im Frühjahr und Herbst. Einen Großteil seiner Zeit verbrachte er mit wissenschaftlichen Diskussionen sowie mit der fortgesetzten Arbeit am Kommentar. Leider sind uns die meisten Briefe Benno Jacobs aus dieser Zeit nicht überliefert, während die Antworten seines Sohnes erhalten sind. Beider Gedankenaustausch erfolgte in Deutsch und Hebräisch. In der gleichen Zeit begann Ernst mit einer Übersetzung des Genesis-Kommentars ins Hebräische, nicht zuletzt in der Absicht, damit eine breitere Leserschaft zu erreichen – eine Leserschaft, die infolge von Flucht oder Ermordung schon bald nicht mehr existierte.

Die Jahre unter dem Nationalsozialismus

Jacobs Briefwechsel spiegelt die Ungewissheiten und Schwierigkeiten der Nazijahre wider. Die jüdische Gemeinschaft war zunehmend Repressalien ausgesetzt. Nach 1934 wurde es zusehends schwieriger, Reisepässe zu erhalten, auch fehlte ihm Geld, um zu reisen. Die hebräischsprachigen Briefe aus diesen Jahren waren freimütiger als die in deutscher Sprache, bei der er und sein Sohn den Eindruck hatten, sie könnten mitgelesen werden. Ab 1936 erwog Ernst Jacob die Auswanderung; er glaubte, dass das jüdische Leben in Deutschland

Benno Jacob am Schreibtisch seines Sohnes, Augsburg 1936

kaum noch Zukunft besaß. Vollkommen vertieft in sein Bibelstudium, blieb Benno Jacob etwas optimistischer. Ganze Tage, Woche für Woche, verbrachte er an seinem Exodus-Kommentar, unterbrochen lediglich durch Mahlzeiten. Es muss jedoch angemerkt werden, dass 1933, als die Nazis zeitweilig jüdische Geschäfte boykottierten, Benno Jacob mit seinem gewohnten Mut darauf bestanden hatte, von einem jüdischen Geschäft zum nächsten zu wandern, um ihnen angesichts der SA vor der Tür beizustehen.

Die Emigration nach England

Im Sommer 1938 reiste sein Schwiegersohn Ludwig Löwenthal seiner Geschäfte wegen nach England. Überzeugt davon, dass die Lage kritisch war, ließ er Frau und Kinder eilig folgen und sie kamen denn auch mit je einem Koffer. Freunde ermöglichten es ihm, seine Emigration zu regeln. In der Zwischenzeit überließ er es Benno Jacob, den Haushalt zu räumen und nach England zu verfrachten – nur in Teilen, denn eine Nazigröße hatte ein Auge auf die Wohnung und ihren Inhalt geworfen. Jacob tat das, während er sich auf seine eigene Emigration vorbereitete, die durch die stete Flut restriktiver Gesetze erschwert wurde, die quasi den gesamten jüdischen Besitz und das Bankvermögen in Beschlag nahmen. Benno Jacob versuchte, diese partiell zu umgehen, indem er Bücher voller Geldscheine an ausländische Gelehrtenfreunde versandte, selbstverständlich ohne Angabe des Absenders. Als er in England ankam, schrieb er ihnen und erklärte die Umstände, die ihn nahezu mittellos gelassen hatten. Er bat sie freundlich, ihm die Devisen weiterzuleiten – die Bücher dürften sie behalten. Interessanterweise behaupteten einige, in »ihren« Büchern habe sich kein Geld befunden, was sich vielleicht mit der Zensur erklären lässt. Er ließ sich in England auf Einladung von Oberrabbiner Joseph H. Hertz (1871–1946) nieder, der sich um eine Stiftung bemühte, um ihm für die verbleibenden Jahre seines Lebens mit einer kleinen Rente unter die Arme zu greifen.

Benno Jacob erlebte die rapide Verschlechterung der Bedingungen in Deutschland und den Brand nahezu aller Synagogen Deutschlands am 9. November 1938. Er musste mit ansehen, wie sein Sohn, Rabbiner Ernst Jacob, ins Konzentrationslager Dachau deportiert wurde, gemeinsam mit Tausenden deutscher Juden. Nach seiner Entlassung konnte Ernst Jacob sich auf Einladung des Oberrabbiners gleichfalls vorübergehend in England aufhalten, während er auf sein Visum nach Amerika wartete. Ernst Jacob traf Anfang 1939, zur großen Freude Benno Jacobs, ein. Dessen übrige Familie folgte im März desselben Jahres, nachdem der Einmarsch in der Tschechoslowakei jeden weiteren Verbleib in

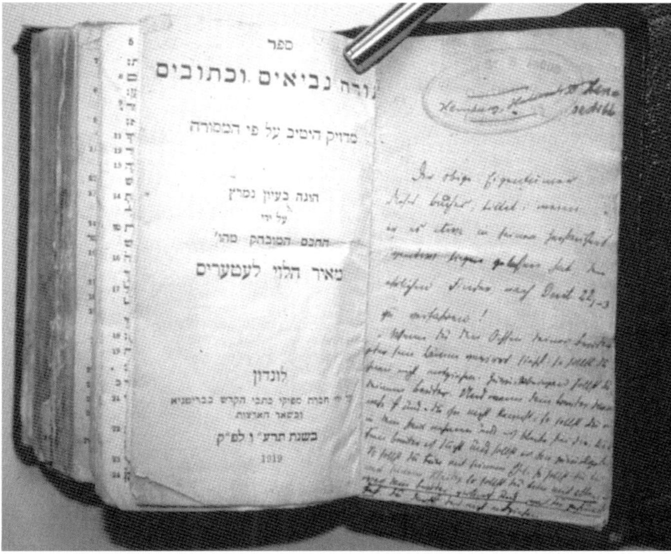

Dieser Tanach war Jacobs ständiger Begleiter

Deutschland prekär gemacht hatte. Benno Jacob, in Deutschland gut versorgt durch eine Staatspension, hatte natürlich keine finanziellen Ressourcen in England. Trotzdem kümmerte er sich darum, dass die Rechte an seiner Pension auf seinen Bruder Martin in Berlin übertragen wurden, und unterstützte ihn auf diese Weise ein wenig in diesen schwierigen Jahren.

Der Exodus-Kommentar und die Jahre in England

Die Basisarbeit an seinem Exodus-Kommentar war um 1940 abgeschlossen. Während Ernst Jacobs zehnmonatigem Aufenthalt in England diskutierten sie häufig Teile daraus. Benno Jacob erweiterte ihn fortlaufend, obwohl seine eigene Bibliothek nun auf dreihundert Bände geschrumpft war und ihm andere Quellen nicht mehr zugänglich waren. Ihm halfen jedoch sein exzellentes Gedächtnis und seine Fähigkeit, sich auf die aktuelle Aufgabe zu konzentrieren. Obwohl er Englisch gut las und schrieb, fühlte sich Benno Jacob beim Sprechen unbeholfen. Dies beeinträchtigte seinen Kontakt mit der englischsprachigen jüdischen Gemeinschaft. Überhaupt blieben die emigrierten Rabbiner ziemlich isoliert von der übrigen englischen Gesellschaft. Dies steigerte sich durch das Misstrauen gegenüber Fremden in der Frühphase des Zweiten Weltkriegs und wurde in der Folge durch die Armut all der neuen Emigranten verstärkt. Benno Jacob verwandte während der frühen 1940er Jahre einen Großteil seiner Anstrengungen darauf, andere Familienmitglieder von Deutschland nach England oder Amerika nachzuholen; doch das scheiterte. Nach ein oder zwei Rotkreuz-Nachrichten von seinem Bruder erhielt er die lakonische Nachricht, dass Martin und seine Frau im Februar 1942 verstorben seien.

Ernst Jacob und seine Familie emigrierten Ende 1939 in die Vereinigten Staaten. Vater und Sohn führten ihre lebendige Korrespondenz weiter, vieles davon wissenschaftlich – Ernst Jacob Englisch, Benno Jacob Deutsch. Hebräisch schrieben sie nicht weiter; dies hätte die Briefe weiter verzögert, weil sie ohnehin durch die Zensur mussten. Auf jede Frage hin, die die eine Seite stellte, brauchte es etwa drei Monate für eine Antwort. Dies brachte beide Parteien dazu, Kopien ihrer Korrespondenzen aufzubewahren, um direkt auf frühere Briefe reagieren zu können. Es ist erstaunlich, wie selten die Briefe um die entbehrungsreichen Lebensbedingungen kreisen. Zu Lebensmittelrationierung, Stromausfall, schwerer Bombardierung und all den Problemen der Kriegsjahre in England kam die Armut.
Obwohl Benno Jacob ein Stipendium des Oberrabbinats erhielt und großzügige Unterstützung durch seinen Schwiegersohn, der beruflich wieder Fuß zu fassen begann, spürte er die Notwendigkeit, sein Einkommen aufzubessern, indem er kleinen Kindern die Grundlagen des Hebräischen vermittelte oder in ihre ersten Bibelstudien einwies. Benno Jacob sah sich selbst auf die Situation zu Beginn seiner Karriere zurückgeworfen. Doch er nutzte selbst einfache Aufgaben, um weitere Einsicht in den Bibeltext zu gewinnen; ähnlich verhielt es sich mit den Vorträgen vor einem gemischten Laienpublikum. Sie zwangen ihn dazu, seine Schluss-

folgerungen zu überdenken und klarer herauszuarbeiten. Gelegentlich fand auch ein völlig anderer Studententypus den Weg zu ihm. Er unterrichtete den kleinen Sohn der Hallos, die lebenslange Freunde von Franz Rosenzweig gewesen waren.[39] Und er unterwies auch Jakob J. Petuchowski, der später Professor am Hebrew Union College in Cincinnati werden sollte. Unter diesen Studenten war auch das junge Fräulein Liebrecht, das seine rabbinischen Studien an der Lehranstalt in Berlin begonnen hatte.[40] Während der gesamten Zeit sehnte er sich nach der Veröffentlichung seines Exodus-Kommentars und unternahm viele Anstrengungen in diese Richtung, während sein Sohn sich in ähnlicher Weise darum bemühte, das Interesse von Menschen in den Vereinigten Staaten zu gewinnen.

Doch das England der Kriegsjahre schien nicht der geeignete Ort, und die Jüdischen Studien in den USA waren noch nicht bereit für sein Werk. Es wurde schließlich erstmals in meiner Übersetzung publiziert (*The Second Book of the Bible-Exodus*, KTAV, Hoboken 1992) und dann in seiner Originalsprache Deutsch, gemeinsam mit einer Neuauflage des Genesis-Kommentars (Calwer, Stuttgart 1995).

England während des Krieges

Einer seiner Briefe, datiert auf den 16. Oktober 1940, reflektiert dann doch die Lebensbedingungen in England während der Kriegsjahre. Er spricht von sieben Luftangriffen während des vergangenen Tages und einer abschließenden Bombardierung, die eine ganze Nacht über gedauert habe. Benno Jacob ging nicht in einen der Bunker, weil er überfüllt und laut war. Er blieb aber auch nicht oben in seinem Zimmer, denn ein Haus, 300 Fuß weit entfernt, war einige Tage zuvor weitgehend zerstört worden. Er und die anderen, die in der Pension lebten, saßen eine ganze Nacht unten auf ihren Koffern, bereit, jeden Augenblick die Flucht zu ergreifen. Klar, dass sein Gepäck ausschließlich aus seinen Manuskripten und einer Bibel bestand. In einem anderen Brief dachte er über die Frage nach, ob ein Leben unter solchen Bedingungen im Alter von 79 Jahren überhaupt einen Wert habe, und bemerkte, dass ihm einige Freude durch die Kinder, Enkel und Freunde zuteil wurde. Es war aber im Wesentlichen die Aufgabe, die Bibel zu studieren und deren Verständnis anderen zugänglich zu machen, die ihm das Leben lebenswert erscheinen ließ.[41] Hin und wieder überlegte er, nach Cambridge oder Oxford umzusiedeln. Auch spielte er mit dem Gedanken, seinem Sohn Ernst in die Vereinigten Staaten zu folgen, doch die Einwanderung in die USA erwies sich als unmöglich. Ernst konnte noch keinen Affidavit vorlegen, und die Preise für die Schiffskabinen waren astronomisch. Er übersandte eine frühe Fassung seines Exodus-Kommentars zur sicheren Aufbewahrung nach Oxford, während eine einzige Kopie für weitergehende Revisionen in London verblieb. Er begann einen Kommentar zu Leviticus, aber es fehlte ihm die notwendige Literatur, um weiter zu kommen.

In diesen Kriegsjahren war Benno Jacob sehr einsam. Die Flüchtlinge in London kämpften ums eigene Überleben und hatten relativ wenig Zeit für ihn. Interessiert vor allem am gelehrten Gespräch und weniger an Smalltalk, isolierte ihn dies umso mehr. Hauptkontakte ergaben sich beim Freitagabendessen seiner Tochter Hannah und Schwiegersohn Ludwig und deren Familie, die seinen Ausführungen aufmerksam folgten. Regelmäßig erhielt er Besuch von seinen Enkeln, die er in Hebräisch unterrichtete. Sein Enkel Eli unternahm erste Anstrengungen, Teile der Kommentare zu übersetzen. Mit einigen Menschen aus den Pensionen diskutierte er die täglichen Probleme. Ansonsten beschreibt er seinen Tag im Alter von 79 Jahren wie folgt: Er stand früh auf, arbeitete bis zwei Uhr, nahm in aller Ruhe sein Mittagessen ein, das aus Kohl und einem Trockenei bestand, ruhte dann eine Stunde lang, schrieb bis zum Abendessen um halb acht und nahm danach seine Arbeit wieder auf bis neun Uhr abends. Ging er anschließend in den Parks der Nachbarschaft spazieren, manchmal mit Kate Stern, einer entfernten Verwandten, erfreute er sich weiterhin an der Natur. Sein einziger Luxus war seine Tabakpfeife und gelegentlich eine Flasche Wein.[42]

Benno Jacobs achtzigster Geburtstag wurde wenig später in London mit einem Empfang gefeiert, an dem auch der britische Oberrabbiner Hertz sprach. Es war eine besondere Zusammenkunft von 250 Personen, bei der viele Reden gehalten wurden. Mit der Hoffnung, dass sich zu seinem Neunzigsten hoffentlich sein Englisch gebessert habe, versuchte er auf alle Reden zu antworten. Er erhielt viele Briefe, besonders von alten Freunden aus Dortmund, Augsburg und Hamburg, und auch hübsche kleine Geschenke. Er berichtete amüsiert, dass nur drei Menschen daran gedacht hatten, ihm ein Buch zu schenken, weil sie fanden, er habe doch schon genug davon. Eines dieser Bücher war von einem einfachen Mann aus seiner Pension und das berührte ihn ganz besonders. Enttäuscht war er davon, dass die Gelehrtenwelt seinen achtzigsten Geburtstag übergangen hatte. Die Korrespondenz dieser Jahre enthielt Diskussionen aktueller Bücher, was zeigt, dass Benno Jacob und sein Sohn auf den unterschiedlichsten Gebieten bewandert waren. Sie hielten viele Gedanken zu englischem und amerikanischem Judentum fest und auch zur Zukunft des jüdischen Lebens. Sein kritisches Urteilsvermögen blieb unvermindert aktiv.

1943 bereitete Benno Jacob eine Kopie der endgültigen

Benno Jacobs 80. Geburtstag mit Oberrabbiner Hertz, Kollegen und Enkel Hans (Eli), 1940

Fassung zum Buch Exodus vor, um sie in die Vereinigten Staaten zu senden. Unter beträchtlichem bürokratischen Aufwand wurde das Werk schließlich abgeschickt, gemeinsam mit einem Brief speziell an den amerikanischen Zensor, in dem um seine wohlwollende Kenntnisnahme gebeten wurde. Das Manuskript erreichte seinen Sohn Ernst erfolgreich nach acht Monaten. Im gleichen Jahr diskutieren beide in ihren Briefen die Möglichkeit einer Übersetzung eines Teils oder des gesamten Kommentars ins Englische, da es wohl keine deutschsprachigen Leser für das Buch mehr geben würde. Als einziges literarisches Werk Benno Jacobs wurde während der Kriegsjahre ein kleiner Essay unter dem Titel »Childhood and Youth of Moses, the Messenger of God« (»Kindheit und Jugend von Moses, dem Boten Gottes«) publiziert. Er war Teil einer Festschrift zu Ehren von Joseph H. Hertz, dem Oberrabbiner von Großbritannien, und erschien 1942. Ein gelegentlicher Anflug von Pessimismus zeigte sich, als der Krieg sich in die Länge zog. Manche seiner jüngeren Kollegen starben und die Wahrscheinlichkeit schwand, seinen Sohn Ernst wiederzusehen.

In seinem letzten Lebensjahr besaß Benno Jacob noch genug Kraft, um sich in ein neues Vorhaben zu stürzen. Anfang des Jahres 1944 wurde er technischer Berater für einen Lehrfilm, der Schabbat und Pessach in der Zeit von Jesus schilderte. Dabei stellte er fest, dass sein Englisch besser war als er angenommen hatte. Es bereitete ihm Freude, mit dem englischen Filmteam zusammenzuarbeiten.

Benno Jacob arbeitete und schrieb weiter bis zum Schluss. Selbst auf dem Weg ins Krankenhaus aufgrund einer Lungenentzündung trug er seinen kleinen Chumasch[43] und sein letztes Notizbuch bei sich, um neue Ideen aufzuzeichnen. Er starb am 24. Januar 1945 und wurde in London beerdigt. Die Inschrift auf seinem Grab liest sich einfach und zutreffend: »To learn and to teach, to fight and to help.« (»Zu lernen und zu lehren, zu kämpfen und zu helfen«).[44]

Mehr als sechzig Jahre nach Benno Jacobs Tod kann von einer deutsch-jüdischen Symbiose, für die er kämpfte, nicht mehr die Rede sein. Vieles vom deutsch-jüdischen Leben der Vorkriegszeit ist vergessen. Dafür kommen andere Facetten erst jetzt zu ihrem Recht, darunter Benno Jacobs Bibelstudien. Die Bibelwissenschaft hat sich von der Betonung der Quellenkritik distanziert und schenkt dem Text, so wie er überliefert ist, mehr Beachtung. Nicht zuletzt ist der verstärkte Fokus auf die Arbeit Benno Jacobs der Anstrengungen junger Wissenschaftler zu danken, besonders Bernd Janowski, Almuth Jürgensen und zahlreicher Gelehrter, die eine Wertschätzung und Analyse der neuen Generation im Band »Die Exegese hat das erste Wort« (2002) mit seinen Essays in Deutsch und Englisch vorgenommen haben. Die wunderschöne Publikation der Kommentare zu Genesis und Exodus durch den Calwer Verlag haben Benno Jacobs Hauptwerke erneut zugänglich gemacht.

Benno Jacob lebte in einer stürmischen Zeit der Weltgeschichte, hat aber auch seinerseits gerne Stürme zur Verteidigung seines Volkes und der Tora ausgelöst. Ersteres wird wohl zur Fußnote, Letzteres aber wird ein Teil des jüdischen Erbes werden.

Anmerkungen

1 Benno Jacob entstammte einer langen Reihe von Rabbinern und Gelehrten, die sechzehn Generationen umfasst: R. Te'omim von Prag (*Nimukim zu Turei Zahav, Novellae*). R. Samuel Phöbus, gestorben in Wien, 1630. R. Zevi Hirsch, Rabbiner in Plotzk. R. Löb Munk, Rabbiner in Grätz und Krotoschin. R. Beer Munk von Meseritz . R. Zevi Hirsch, Rabbiner von Schwerin. 1735, Meseritz, 1736. R. Jehuda Löb. R. Meir Munk Posener, Rabbiner in Danzig 1807. R. Munk, Rabbiner in Meseritz 1763, Königsberg und Frankfurt/Oder, Messe 1767, Danzig, Schottland und Langfuhr 1783 (*Bet Meir, Zelo'ot Habayit, Novellae*), R. Chaim Munk, Rabbiner in Schottland. R. Samuel Schreiber (1779–1839) Rabbiner in Grätz. R. Israel Makowski. R. Zeew David Jacob, Sompolno 1832 – Berlin 1917. R. Benno Jacob, Frankenstein 1862 – London 1945, Rabbiner in Göttingen, Dortmund (*Im Namen Gottes, Der Pentateuch, Genesis, Exodus, etc.*) R. Ernst I. Jacob, Göttingen 1899 – Pittsburgh 1974, Rabbiner in Saarbrücken, Augsburg, Springfield, MO (*Die altassyrischen Gesetze, Israelitische Religionslehre, Paths of Faithfulness*), R. Walter Jacob, geb. Augsburg 1930 (*Christianity through Jewish Eyes, American Reform Response, Pharmaceuticals in the Biblical and Rabbinic World, Dynamic Jewish Law, etc*).

2 Das Buch Esther bei den LXX (Diss. Leipzig), in: Stades Zeitschrift für alttestamentliche Wissenschaft, Gießen 1890.

3 Adolph Asch und Johanna Philippson: Self Defense at the Turn of the Century: The Emergence of the K.C., in: Yearbook of the Leo Baeck Institute, Bd. 3, London 1958, S. 122ff. Die deutsch-patriotische Gesinnung des K.C.s war nicht unumstritten und galt unter den zionistischen Studentenverbindungen als »Abwehrjudentum«. Sogar nachdem die Emigration sie in der ganzen Welt ver-

streut hatte, erinnerten sich die ehemaligen K.C.- Mitglieder noch gerne an ihr Verbindungsleben. 1984 organisierten einige Hundert von ihnen ein letztes internationales Treffen in Princeton, bei dem sie Walter Jacob als den Enkel des Gründers um eine Rede baten.

4 Jakob Stein: Israelitische Religionslehre, Kassel 1887, Seite 178ff.

5 Die historisch-kritische Bibelwissenschaft des 19. Jahrhunderts schrieb dem Pentateuch zwei unterschiedliche Quellen zu, wobei sie gemäß der Verwendung der Gottesnamen elohim für den Schöpfergott und j'h'w'h für den Bundesgott zwischen vormosaischen Elohisten und den späteren Jahwisten als Redaktoren des Bibeltextes trennte; diese Quellenscheidung ist inzwischen überholt.

6 Samuel Krauss (1866–1948), jüdischer Gelehrter, Verfasser des dreibändigen Werkes »Talmudische Archäologie«; Adolf Büchler (1867–1939), Rabbiner, Historiker und Theologe.

7 So enthalten beispielsweise die Toledot des Himmels und der Erde mit der Schöpfung als Einleitung (Gen 1–4) je siebzig Mal die Worte für Gott und Irdisches, eingeteilt in 7 x 10 und 10 x 7. Siehe Benno Jacob: Das Buch Genesis, Stuttgart 1997, S. 309f.

8 zitiert nach Christian Wiese: Wissenschaft des Judentums und protestantische Theologie im wilhelminischen Deutschland. Ein Schrei ins Leere? Tübingen 1999, S. 185.

9 Karl Barth: Church Dogmatics, Band 3, Edinburgh 1967; Brevard S. Childs: The Book of Exodus: A Critical Theological Commentary, Philadelphia 1974; Nechama Leibowitz: Iyunim B'Sefer Bereshit, Jerusalem 1967; Gerhard von Rad: Genesis: A Commentary, Philadelphia 1961; W. Gunther Plaut: The Torah: A Modern Commentary, New York 1981.

10 Benno Jacob: Die Thora Moses. Volksschriften über die jüdische Religion. Frankfurt/Main 1912/13, S.100ff.

11 Ludwig Holländer: Benno Jacobs Kampf mit Liebermann von

Sonnenberg, in: Kartell-Convent-Blätter Nr. 1, 23. Januar 1933, S. 3–7.

12 Benno Jacob: Denkst du daran, mein tapfrer Viadrine?, in: Kartell-Konvent-Blätter Nr. 2, 1. November 1911, S. 33ff.

13 Benno Jacob gehörte Jahrzehnte lang dem Vorstand des Centralvereins deutscher Staatsbürger jüdischen Glaubens an. Der 1893 gegründete C.V., die mitgliederstärkste jüdische Organisation in Deutschland, hatte sich die gesellschaftliche Gleichstellung der Juden zum Ziel gesetzt und verteidigte deren Rechtspositionen bis in die 1930er Jahre hinein.

14 Dies wird sogar noch klarer in Delitzschs Artikel »Die große Täuschung« (1920).

15 Benno Jacob: Predigten, Betrachtungen und ausgewählte Gebete von Dr. Benjamin Rippner. Aus seinem Nachlaß zu einem Andachtsbuch für die Synagoge und das israelitische Haus zusammengestellt, Berlin 1901.

16 Rabbiner Salomon Samuel (1867–1942); Rabbiner Leo Baeck (1873–1956).

17 Hannah (Jacob) Loewenthal: Korrespondenz (12. November 1981).

18 *Jamim Noraim* – hebräisch für die im Herbst gelegenen jüdischen Hohen Feiertage (Neujahr und Versöhnungstag). Mit dem Abriss der Dortmunder Synagoge musste bereits im September 1938 begonnen werden.

19 Der im Jahre 1884 unter nichtorthodoxer Führung gegründete Verband der Rabbiner Deutschlands war 1896 reorganisiert und in Allgemeiner Rabbinerverband in Deutschland umbenannt worden.

20 Benno Jacob: Der Antheil der Wissenschaft des Judentums an der Emancipation der Juden, Vortrag gehalten am 2. Januar 1907 auf der Generalversammlung des Rabbiner-Verbandes in Deutschland in Berlin, Berlin 1907.

21 Benno Jacob: Herr Dr. Coblentz in Bielefeld, Dortmund 1908; Benno Jacob: Besprechung, in: Monatsschrift für Geschichte und Wissenschaft des Judentums, Jg 52 (1908), S. 497–508.

22 *koscher* – im Sinne der jüdischen Speisevorschriften rituell geeignet.

23 *Minhag* – religiöser, ritueller, liturgischer Brauch.

24 Dies betrifft die Zeit zwischen den 13. und Ende März 1920. In jenem Jahr fiel Pessach auf Anfang April.

25 *Mazzot* – hebr. sing. *mazza*, das ungesäuerte Brot, das zu Pessach verzehrt wird.

26 Wenn auch ausschließlich für den persönlichen Gebrauch gedacht, fand er die Erstellung eines Index sinnvoll, um Gedanken gründlicher herauszuarbeiten. Weil er sich immer und überall Notizen machte, sind sie häufig schwer zu entziffern. Ein eingehendes Studium der 120 Notizbücher steht noch aus.

27 Monatsschrift für die Geschichte und Wissenschaft des Judentums, Jg 66 (1922) Seiten 1–33, 116–138, 180–200; Jg 68 (1924), Seiten 118–126, 202–211, 268–289.

28 Franz Rosenzweig: Brief 308 –18/10/1916, in: Franz Rosenzweig, Gesammelte Schriften. Briefe und Tagebücher 1. Band 1900–1918 (hrsg. von Rachel Rosenzweig/Edith Rosenzweig-Scheinmann unter Mitwirkung von Bernhard Casper). Den Haag 1979. S. 257.

29 Kurt Wilhelm: Benno Jacob: A Militant Rabbi, in: Yearbook of the Leo Baeck Institute, Bd. 7, London 1962, S. 90 f., 93.

30 Pamela Vermes: Buber on God and The Perfect Man, Chico 1980, S. 95ff. Siehe dazu auch: Benno Jacob: Unsere Bibel in Wissenschaft und Unterricht – Vortrag gehalten in der wissenschaftlichen Vereinigung jüdischer Schulmänner zu Berlin, in: Allgemeine Zeitung des Judenthums, Jg 62, Nr. 43, Berlin, 28. Oktober 1898.

31 In: Der Jude, Februar 1928, Seiten 81–86.

32 Benno Jacob: Prinzipielle Bemerkungen zu einer zionistischen Schrift (zusammen mit Wilhelm Michel, in: Der Morgen 3 (1927/28).

33 Kurt Wilhelm: Benno Jacob: A Militant Rabbi in:Yearbook of the Leo Baeck Institute, Bd. 7, London 1962, S.86.

34 Benno Jacob an Ernst Jacob, 20. November 1942; 19. Februar 1944.

35 Thomas Mann, Tagebücher 1933–34 (hrsg. von Peter de Mendelssohn), Frankfurt am Main 1977, S. 577ff.

36 *Massoretischer Text* – das ist der diakritische Kommentar zum Bibeltext.

37 »Die Zionisten ersetzen den Tempel durch Palästina«, »eine Verweltlichung von Tempel und Judentum gleichermaßen« Benno Jacob, in: Der Morgen, 3, 1927, S. 527f.

38 Rhodos gehörte von 1912 bis 1948 zu Italien. Das dortige Rabbinerseminar bestand von 1926 bis 1938.

39 Familie Hallo – die Familie des Kasseler Kunsthistorikers Rudolf Hallo (gest.1933): bei dem kleinen Sohn könnte es sich um William W. Hallo (geb. 1928) handeln.

40 Ruth Liebrecht geb. Capell (1911–1998) studierte an der Berliner Hochschule für die Wissenschaft des Judentums. Sie erreichte England rechtzeitig vor Ausbruch des Zweiten Weltkriegs mit Mann und Kind (1939) und lebte zeitweilig in Hampstead, wo sie weiterhin auf informeller Basis studierte.

41 Benno Jacob an Ernst Jacob, 20. November 1942.

42 Benno Jacob an Ernst Jacob, 19. Februar 1944.

43 *Chumasch* (von hebr. chamesch – fünf), der Pentateuch, die Tora.

44 Sein Grab liegt auf dem Willesden Jewish Cemetery in London. Das Andenken Benno Jacobs wird durch ein Stipendienprogramm des Deutschen Akademischen Austauschdienstes (DAAD) und des Ernst Ludwig Ehrlich Studienwerks sowie durch eine Gastprofessur am Abraham Geiger Kolleg gepflegt.

Weiterführende Literatur

Benno Jacob: Das Buch Genesis. Berlin 1934; Stuttgart 1997.

Benno Jacob: The First Book of the Bible, Genesis (Abridged, Edited and Translated by Ernest I. Jacob and Walter Jacob). New York 1974, 2007².

Benno Jacob: Exodus – The Second Book of the Bible (translated by Walter Jacob). Hoboken 1992.

Benno Jacob: Das Buch Exodus. Stuttgart 1997.

Hochschule für Jüdische Studien Heidelberg (Hrsg.): Benno Jacob – der Mensch und sein Werk. Trumah (=Zeitschrift der Hochschule für Jüdische Studien Heidelberg), Nr. 13. Heidelberg 2003.

Walter Jacob und Almuth Jürgensen (Hrsg.): Die Exegese hat das erste Wort: Beiträge zu Leben und Werk Benno Jacobs. Stuttgart 2002.

Kurt Wilhelm: Benno Jacob: A Militant Rabbi, in: Yearbook of the Leo Baeck Institute, Bd. VII, London 1962.

Christian Wiese: Gottes Tora für Israel – Benno Jacobs Konzeption einer jüdischen Bibelwissenschaft, in: Ders.: Wissenschaft des Judentums und protestantische Theologie im wilhelminischen Deutschland. Tübingen 1999.

Abbildungsnachweis

Alle Abbildungen stammen aus Familienbesitz.

Über den Autor

Rabbiner Professor Dr. Walter Jacob, geboren 1930 in Augsburg, ist der Enkel Benno Jacobs und ediert dessen Werke. Der langjährige Rabbiner der Rodef-Shalom-Gemeinde in Pittsburgh war Präsident der Zentralkonferenz amerikanischer Rabbiner (CCCAR). Er ist heute Präsident des Abraham Geiger Kollegs an der Universität Potsdam und des Solomon B. Freehof Institute for Progressive Halakhah.